Hora de preguntar

Reptiles

Claire Llewellyn

PANAMERICANA
EDITORIAL

Llewellyn, Claire
    Reptiles / Claire Llewellyn ; traducción Juliana
Ortiz ; ilustraciones Mike Rowe. — Bogotá: Panamericana
Editorial, 2007.
    32 p. : il. ; 28 cm.
    ISBN 978-958-30-2592-1
1. Reptiles - Enseñanza 2. Reptiles - Hábitos y
Conducta 3. Reptiles - Clasificación I. Ortiz, Juliana, tr.
II. Rowe, Mike, il. III. Tít.
I597.9 cd 21 ed.
A1127316

        CEP-Banco de la República-Biblioteca Luis Ángel Arango

Primera edición en Panamericana Editorial Ltda., 2007

© 2001 Kingfisher Publications Plc
Título original: *Reptiles*
Editor: Jennie Morris
Diseño: John Jamieson
Coordinador de DTP: Sarah Pfitzner
Consultores: Claire Robinson, Norah Granger
Índice: Jason Hook
Controlador de producción: Debbie Otter
Ilustradores: Chris Forsey 10-11, 12-13, 24-25; Craig Greenwood 17*cr*, 17*tr*; Ray
Grinaway 8-9, 22-23; Ian Jackson 11*tr*, David Marshall 21*tr*; Nicki Palin 14-15*c*;
Bernard Robinson 16-17*bl*; Mike Rowe 6-7, 18-19, 26-27; Roger Stewart 28-
29; David Wright 4-5, 20*bl*, 21*cl*.
Caricaturas: Ian Dicks
Director de investigación fotográfica: Jane Lambert
Asistente de investigación fotográfica: Rachael Swann
Agradecimientos fotográficos: 5*cr* Jean-Louis Le Moigne/NHPA; 7*tr* Francois
Gohier/Ardea London; 9*cr* Z. Leszczynski/www.osf.uk.com; 13*tr* J. A. L.
Cooke/www.osf.uk.com; 15*tr* Daniel Heuclin/NHPA; 19*cr* Martin
Withers/Frank Lane Picture Agency; 22*tr* Francois Gohier/Ardea London; 27*cr*
Mark Jones/www.osf.uk.com; 29*tr* Nigel J. Dennis/NHPA.
Archivo de imágenes: Wendy Allison, Steve Robinson

Publicado en acuerdo con Kingfisher Publications Plc
© 2007 Panamericana Editorial Ltda. de la traducción al español
Dirección editorial: Conrado Zuluaga
Edición en español: Diana López de Mesa Oses
Traducción del inglés: Juliana Ortiz García

ISBN: 978-958-30-2592-1

Panamericana Editorial Ltda.
Calle 12 No. 34-20. Tels.: 3603077 – 2770100. Fax: (57 1) 2373805
panaedit@panamericanaeditorial.com
www.panamericanaeditorial.com
Bogotá D.C., Colombia

Impreso en China
Printed in China

CONTENIDO

ACERCA de este libro

¿Alguna vez te has preguntado cuál es la diferencia entre un caimán y un cocodrilo? En este libro encontrarás respuesta a preguntas como esta y otros hechos fascinantes, y podrás descubrir en el glosario el significado de las palabras que aparecen en **negrita**.

Busca y encuentra

ojo

Mientras recorres las páginas hallarás el símbolo de Busca y encuentra, que contiene el nombre y la imagen de un objeto. Este es un reto para que descubras en la ilustración el objeto indicado por el símbolo.

Ahora sé que...

★ Estos recuadros contienen respuestas breves a todas las preguntas.

★ También te ayudarán a recordar datos asombrosos sobre reptiles.

culebra

Busca y encuentra ★ ★ cabeza

¿QUÉ es un reptil?

Culebras, lagartos, tortugas y cocodrilos pertenecen a un grupo de animales llamado reptiles. Son de **sangre fría**, tienen esqueleto y su piel es resistente con corazas o escamas. La mayoría de los reptiles ponen huevos de cáscaras duras y anidan en tierra firme.

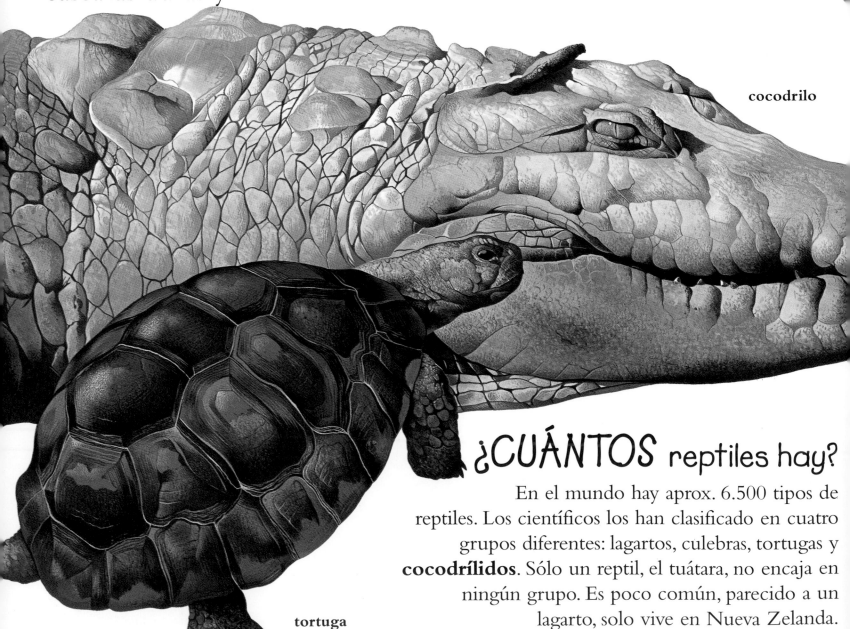
cocodrilo

tortuga

¿CUÁNTOS reptiles hay?

En el mundo hay aprox. 6.500 tipos de reptiles. Los científicos los han clasificado en cuatro grupos diferentes: lagartos, culebras, tortugas y **cocodrílidos**. Sólo un reptil, el tuátara, no encaja en ningún grupo. Es poco común, parecido a un lagarto, solo vive en Nueva Zelanda.

¿CUÁL es el reptil que ha impuesto récords?

Dos reptiles que imponen récords son: el cocodrilo de mar y la anaconda. Un cocodrilo grande de mar es más largo y más pesado que dos autos en fila. La anaconda puede crecer hasta 10 m de largo y pesar lo mismo que una vaca. También hay lagartos diminutos, uno en las islas del Caribe, es del tamaño del pulgar.

lagarto

Científicos sujetando una anaconda

¡Asombroso!

Sólo existen 22 clases de cocodrílidos, en cambio existen 3.800 clases de lagartos.

Algunos reptiles son longevos. Las tortugas gigantes pueden llegar a vivir 120 años o más.

Ahora sé que...

★ Un reptil es un animal de sangre fría, con esqueleto y piel resistente.

★ Existen aprox. 6.500 clases de reptiles.

★ Los cocodrilos de mar y las anacondas son dos de los reptiles más grandes.

¿DÓNDE viven los reptiles?

Los reptiles viven en diferentes **hábitats**, como desiertos, **selvas tropicales**, pantanos, ríos y hasta en el mar. Algunos duermen en cuevas oscuras y húmedas o en madrigueras bajo tierra. Los reptiles se encuentran en casi todo el mundo excepto en los lugares más fríos. La mayoría vive en los trópicos, donde el clima es cálido.

¿POR QUÉ los cocodrilos se exponen al sol?

Después de una fría noche, los cocodrilos se sienten agotados, por esto se acuestan a tomar el sol en el día. A medida que su temperatura aumenta, recobran la energía. Cuando sienten mucho calor se refrescan en el río o en la sombra. Como la mayoría de los reptiles, son de sangre fría, su temperatura corporal depende del ambiente.

Cocodrilos del Nilo tomando el sol a la orilla del río.

¿CUÁL es la culebra que duerme durante el invierno?

La serpiente listonada habita en lugares donde el invierno es extremadamente frío. En otoño, las serpientes comienzan a sentirse soñolientas y buscan un hueco seco y seguro en el suelo. Cuando lo encuentran, se enroscan y duermen hasta la primavera. Este largo descanso es conocido como hibernación. Muchos tipos de culebras **hibernan**, algunas hasta ocho meses al año.

Serpientes listonadas rojas saliendo del sitio de hibernación

Los cocodrilos permiten que el chorlito, una pequeña ave, se meta en su boca para alimentarse de **parásitos** y residuos de comida.

¡Asombroso!

Los cocodrilos se refrescan abriendo la boca y dejando que la brisa fluya dentro de esta.

Hasta mil serpientes de cascabel pueden hibernar juntas, en el mismo lugar cada año.

Ahora sé que...

★ Los reptiles viven en distintos hábitats alrededor del mundo.

★ Los cocodrilos se acuestan a tomar el sol para elevar su temperatura corporal.

★ Las culebras que viven en lugares fríos suelen dormir durante el invierno.

¿CUÁL lagarto es el más grande?

El dragón de Komodo es un enorme lagarto que vive en algunas islas del Sudeste Asiático. Mide 3 m aprox. desde la nariz hasta la cola. Es **carroñero**, aunque también caza cerdos, cabras y venados, infectándolos con su **saliva**. Todos los animales que son mordidos por este mueren.

¡Asombroso!

Algunos lagartos que pierden su cola, vuelven a buscarla para comérsela.

Algunos lagartos corren sobre sus dos patas traseras. Los lagartos basiliscos de Suramérica pueden correr sobre el agua.

Los dragones de Komodo tienen garras largas y poderosas piernas cortas. Pueden nadar, subir a los árboles y correr, igual que un atleta, a casi 18 km/h.

dragones de Komodo

Los gecos no tienen párpados para mantener sus ojos limpios, utilizan su lengua para limpiar la arena y el polvo que caen en ellos.

¿CÓMO pueden caminar los gecos en los techos?

Los gecos son pequeños lagartos tropicales que ocasionalmente viven en las casas. Los podemos ver correr por ventanas, paredes y techos. Pueden caminar patas arriba sin caerse gracias a las almohadillas adhesivas en la planta de sus patas. Estas almohadillas poseen microvellosidades que permiten la adherencia.

¿POR QUÉ algunos lagartos pierden la cola?

Los **depredadores** atrapan algunos lagartos por su cola, a veces es la única parte que pueden agarrar. Cuando esto pasa, el lagarto aún puede escapar, desprendiendo la punta de su cola. Esto le da tiempo al lagarto para huir. La cola pronto empezará a crecer nuevamente.

Eslizón perdiendo su cola

Ahora sé que...

★ El lagarto más grande es el dragón de Komodo.
★ Los gecos pueden caminar por los techos gracias a sus almohadillas adhesivas.
★ Algunos lagartos pierden su cola para escapar.

¿CÓMO atrapan los cocodrilos su comida?

Los cocodrilos atrapan su comida sigilosamente. Se esconden bajo el agua sellando sus ojos, oídos, fosas nasales y garganta gracias a **opérculos** resistentes al agua. Cuando otros animales se acercan a tomar agua, estos no ven ni huelen al cocodrilo, que sale del agua intempestivamente, atrapando a la víctima y ahogándola.

¿DÓNDE se puede encontrar a los saladitos?

"Saladito" es el nombre que los australianos le dan al cocodrilo de mar. La mayoría de los cocodrilos vive en agua dulce, pero los saladitos se encuentran en **estuarios**, pantanos cerca de las costas o mar adentro. Su cuerpo está cubierto de escamas más delgadas y livianas que las del resto de cocodrilos.

Los cocodrilos solo pueden tragar, no masticar su comida. Sacuden a su **presa** de lado a lado dentro de sus poderosas mandíbulas hasta que quedan pequeños trozos.

cocodrilo de mar atacando

¿CUÁL es la diferencia entre un caimán y un cocodrilo?

Algunos cocodrílidos son difíciles de diferenciar. El hocico de un caimán es ancho y redondo mientras que el del cocodrilo es más delgado y puntiagudo. A diferencia del caimán, el cocodrilo tiene un **colmillo** que sobresale cuando tiene la boca cerrada. Otros cocodrílidos son más fáciles de reconocer: los gaviales, tienen el hocico delgado, perfecto para cazar.

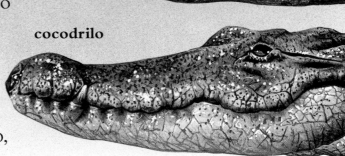

caimán

cocodrilo

gavial

¡Asombroso!

A los cocodrilos siempre les están creciendo dientes nuevos. Si pierden alguno en un ataque, uno nuevo lo reemplaza.

Los caimanes machos, durante la época de apareamiento, rugen fuerte para alejar a sus rivales.

wallabi

Ahora sé que...

★ Los cocodrilos se esconden en el agua para atrapar a su presa.

★ Los saladitos se encuentran en los estuarios, pantanos y en el mar, en Australia.

★ El hocico de un caimán es distinto al de un cocodrilo.

★ Busca y encuentra ★

pata

¿CUÁL es la diferencia entre la tortuga de mar y la de tierra?

Las tortugas de tierra y las de mar son similares, pero tienen diferencias. Las de tierra tienen patas gordas y las de mar tienen aletas y caparazones más planos. Ambas tienen picos duros y puntiagudos. Las de tierra se alimentan de plantas, las de mar comen criaturas marinas. Las tortugas que viven en ríos se conocen como tortugas de agua dulce.

Tortuga boba

tortuga estrellada
con su cría

¿QUÉ tan rápido pueden caminar las tortugas?

El caparazón de una tortuga de tierra es como una armadura y es muy pesada. Por esta razón caminan a aprox. 0,5 km/h. Las tortugas de mar no tienen que cargar su peso, pues la sal que posee el agua de mar las eleva. Pueden nadar a más de 30 km/h, igual de rápido que tú cuando viajas en una bicicleta.

¿CUÁL es la tortuga de agua dulce más hábil?

Cuando la tortuga caimán tiene hambre se tiende en el lecho del río y abre su boca. En su lengua tiene un pedazo de piel que se mueve como una lombriz. Los peces nadan hacia la "lombriz" y la tortuga los atrapa con su pico. Su nombre tiene que ver con que hace algún tiempo se creyó que era una mezcla entre tortuga y caimán.

Tortuga caimán pescando

¡Asombroso!

Las tortugas viven en la Tierra hace más de 200 millones de años.

Algunas tortugas de agua dulce tienen un tubo de aire en la punta de la nariz que sale del agua como un esnórquel.

Cada clase de tortuga tiene un patrón diferente en su caparazón. Esto hace que se distingan de otras **especies** y les permite **camuflarse**, para que sus depredadores (pájaros y zorros) no las atrapen.

Ahora sé que...

★ Las tortugas de tierra tienen patas, mientras que las de mar tienen aletas.
★ Las tortugas de tierra se mueven a 0,5 km/h aprox.
★ La tortuga caimán tiene una astuta forma de cazar.

¿CUÁLES culebras mudan de piel?

La piel de una culebra se divide en el morro y se va cayendo como una larga y escamosa media. Una culebra comienza a cambiar su piel frotando su morro contra una superficie áspera como una rama o una piedra.

¡Todas lo hacen! La piel de una culebra no crece con el resto de su cuerpo. A medida que se vuelve más grande, la piel le va quedando pequeña. Las culebras se despojan de su capa superior de piel varias veces al año; debajo tienen una capa de piel de una talla más cómoda.

¿CÓMO encuentran las culebras a sus presas?

Las culebras usan sus sentidos para seguir el rastro de sus presas. Tienen una buena visión y con su oscilante lengua **bifurcada** pueden recoger olores del aire. Algunas culebras tienen un sentido adicional con el que detectan animales cercanos, conocido como órgano de Jacobson.

Los ojos de las culebras nunca se cierran porque no tienen párpados, sus ojos están protegidos por una membrana transparente.

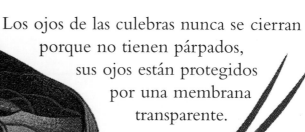

boa esmeralda
cambiando de piel

Una culebra arborícola parda mostrando sus colmillos

¿POR QUÉ las culebras tienen colmillos?

Algunas culebras, como la arborícola africana y las cobras tienen un par de colmillos filudos y huecos. Con los colmillos inyectan **veneno** a su presa, este es producido por unas **glándulas** en sus mejillas, es exprimido por un angosto tubo y sale a través de sus mortíferos colmillos.

¡Asombroso!

Ninguna culebra es herbívora, todas comen carne para sobrevivir.

Mientras que nosotros tenemos 29 huesos en nuestra columna vertebral, las culebras tiene hasta 400.

Ahora sé que...

★ Todas las culebras cambian de piel varias veces al año.
★ Las culebras tienen sentidos agudos que les ayudan a encontrar a su presa.
★ Algunas culebras cazan inyectando veneno con sus colmillos.

¿DÓNDE ponen las tortugas sus huevos?

Las tortugas hembras ponen sus huevos en huecos en playas arenosas. Dos meses más tarde las crías salen del cascarón, buscan la superficie y caminan hasta el mar. Tienen que apurarse si no quieren ser comidas por los depredadores.

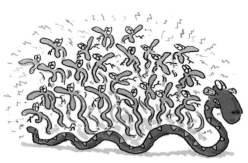

¡Asombroso!

La serpiente de cascabel tiene diez crías a la vez, pero otras serpientes pueden tener hasta 40.

Las tortugas ponen sus huevos en noches de luna llena. Cada tortuga pone aprox. cien huevos antes de volver al mar.

¿QUÉ es una culebrilla?

Las culebrillas son las crías de las culebras. La mayoría de las culebras ponen huevos, pero otras, como la boa constrictor y algunas víboras son **vivíparas**, dan a luz a culebras vivas. Como ocurre con la mayoría de los reptiles, la madre no cuida a las crías. Algunas culebrillas tienen colmillos y veneno y pueden cuidarse solas.

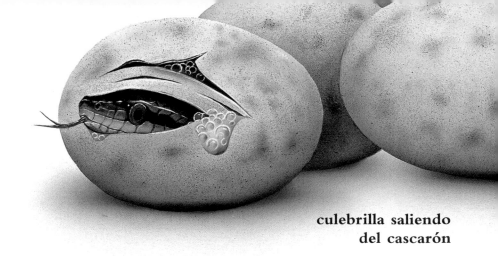

culebrilla saliendo del cascarón

¿POR QUÉ son tan buenas madres las hembras de los cocodrilos?

Los cocodrilos hembras cuidan sus nidos, cuando escuchan llorar a sus crías, despejan el nido y ayudan a las crías a salir del cascarón. Luego las cargan hasta el agua en su boca.

cocodrilo hembra cargando a sus crías cuidadosamente en su boca

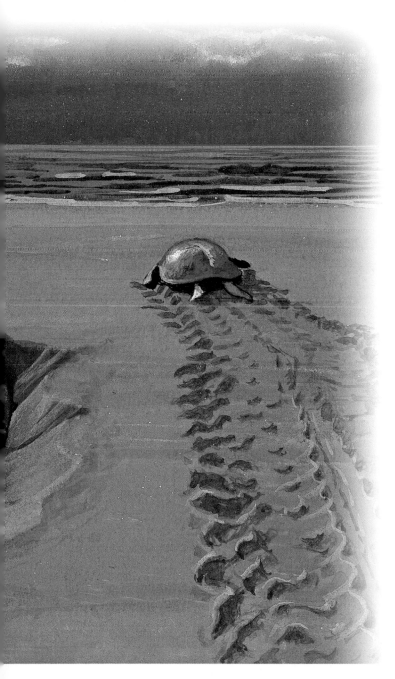

Ahora sé que...

★ Las tortugas ponen sus huevos en playas arenosas.

★ Una culebrilla es la cría de una culebra.

★ Los cocodrilos, a diferencia de la mayoría de los reptiles, se preocupan por sus crías cuando nacen.

¿DÓNDE se esconde el geco de cola plana?

Se esconde entre las ramas de los árboles. Como tiene una forma desigual, cuerpo plano, piel como corteza y una cola en forma de hoja, puede disimular su presencia. El camuflaje ayuda a animales como el geco a esconderse de sus depredadores. Pero también ayuda a depredadores a esconderse de su presa.

Los gecos de cola plana viven en las selvas tropicales de Australia y Madagascar, la isla en la costa este africana.

¿POR QUÉ la serpiente coral tiene colores tan brillantes?

Ningún animal puede ignorar o no ver a la serpiente coral con sus franjas brillantes de colores rojo, negro y blanco. Los colores advierten sobre el peligro que representa, pues puede expulsar veneno si se ve en peligro. Así los animales se mantienen alejados.

Una colorida serpiente coral

18

¿CÓMO se mantienen los camaleones fuera de vista?

Los camaleones tienen una forma astuta de esconderse. El color de piel del camaleón cambia para confundirse con su entorno. Cuando este lagarto se mueve, las **células** de su piel cambian de tamaño moviendo pigmentos más cerca de la superficie o más profundo. Le toma cinco minutos aprox. cambiar por completo su color.

La piel verde es el perfecto camuflaje para este camaleón orejero.

¡Asombroso!

La serpiente coral falsa tiene los mismos colores que la mortífera serpiente coral, pero en diferente orden. Aunque es inofensiva, los animales creen que es venenosa y permanecen alejados de ella.

La lengua de un camaleón es igual de larga a su cuerpo y la punta de esta es pegajosa para cazar moscas y otros insectos.

Ahora sé que...

★ El geco de cola plana se esconde entre las ramas de los árboles.

★ La serpiente coral es brillante y colorida para advertir a otros animales sobre su veneno.

★ El camaleón puede cambiar el color de su piel.

Busca y encuentra ★ ★ cascabel

¿CÓMO engaña el clamidosaurio a sus enemigos?

Cuando el clamidosaurio es amenazado por depredadores, levanta una especie de collar que tiene alrededor de su cuello, abre la boca y sisea. Esto es sólo un truco, pues es inofensivo, aparenta ser grande y peligroso para ahuyentar a sus enemigos.

El clamidosaurio aumenta cuatro veces su tamaño cuando levanta su collar.

¿POR QUÉ cascabelea la serpiente de cascabel?

Cuando se acercan animales grandes a una serpiente de cascabel, ella trata de advertirles y alejarlos. Cascabelea, sacudiendo los anillos secos que tiene en la punta de su cola. Apenas los animales oyen este ruido, se alejan del peligro.

Serpiente de cascabel sacudiendo sus anillos

¿CUÁL es el lagarto que se mete en aprietos?

La iguana piedra vive en los desiertos rocosos de Norteamérica. Cuando se asusta, se esconde en las grietas. Al aspirar aire su cuerpo se infla y queda atascado entre las grietas.

Iguana piedra atrapada

¡Asombroso!

El lagarto lengua azul de Australia, asusta a sus enemigos sacando su extraordinaria lengua.

La culebra de collar es una gran actriz, aleja a sus enemigos aparentando estar muerta.

Ahora sé que...

★ El clamidosaurio espanta a sus enemigos cambiando su apariencia.
★ Las serpientes de cascabel espantan a sus enemigos sacudiendo su cola.
★ La iguana piedra se esconde en grietas donde queda atascada.

21

Busca y encuentra

ojo

¿CÓMO pesca un caimán?

Los caimanes viven en pantanos y arroyos de las selvas tropicales de Suramérica. Se alimentan de presas como peces y sapos. Sus dientes son afilados y curvos hacia atrás lo que les permite atrapar peces que nadan en los arroyos.

Un caimán de anteojos con un pez. Los caimanes también se alimentan de culebras, camarones, pájaros y **mamíferos** pequeños.

Una víbora de Gabón espera a su presa

¿DÓNDE se esconde la víbora de Gabón?

Esta víbora se esconde en el suelo de la selva tropical. El patrón de su piel la camufla con las hojas secas. Permanece inmóvil y espera a que un animal se acerque, para inyectarle veneno con sus colmillos.

¡Asombroso!

Una víbora de Gabón tiene colmillos hasta de 5 cm de largo, casi el tamaño de tu pulgar.

Cuando la serpiente arborícola del paraíso quiere "volar" expande su espalda y guarda su barriga para planear por el aire.

Un lagarto volador planea con ayuda de sus "alas".

¿CUÁL es el lagarto que tiene alas?

Los lagartos voladores viven en las selvas tropicales del Sudeste Asiático. En los costados de su cuerpo tiene unos pliegues de piel que se extienden cuando salta de un árbol a otro. Estas "alas" le ayudan al lagarto a escapar de sus enemigos y a abalanzarse sobre moscas y otros insectos.

Ahora sé que...

★ El caimán atrapa peces con sus dientes.

★ Las víboras de Gabón se esconden y se camuflan en el suelo de las selvas tropicales.

★ Los lagartos voladores tienen pliegues de piel que les sirven para planear.

¿POR QUÉ viven los reptiles en desiertos?

Muchos animales encontrarían difícil la vida en el desierto, pero los reptiles están bien equipados para este hábitat seco y severo. Su gruesa piel escamosa atrapa las gotas de agua y como su energía viene del sol, pueden sobrevivir con poca comida.

¿CUÁL es la mejor forma de moverse en la arena?

Moverse en el suelo arenoso e inestable puede ser complicado, es muy fácil hundirse en la arena en vez de avanzar. La cascabel de cuernitos resolvió ese problema con un sistema de locomoción serpenteante. Mueve su cuerpo en forma de "S" oblicuamente sobre la arena.

cascabel de cuernitos

iguana del desierto

camaleón cornudo

rata canguro

¿CÓMO se refresca una tortuga del desierto?

Las tortugas del desierto evitan el momento más caliente del día escondiéndose en madrigueras bajo tierra. Si por casualidad esta tortuga se viera atrapada bajo el sol, se orinaría sobre sus patas traseras. A medida que el orín se seca con el viento del desierto, la tortuga se refresca.

¡Asombroso!

El diablillo espinoso de Australia nunca tiene sed, toma el rocío que atrapan sus espinas.

Una tortuga del desierto puede durar más de un año sin tomar agua.

tortuga del desierto

monstruo de Gila

Ahora sé que...

★ Los cuerpos de los reptiles están bien acondicionados para la vida en el desierto.
★ Moverse oblicuamente permite deslizarse por la arena.
★ Las tortugas del desierto se refrescan orinándose.

25

¿CUÁL es el lagarto que come bajo el agua?

★ Busca y encuentra ★ pata

La iguana marina es el único lagarto que se alimenta bajo el agua. Vive en las islas Galápagos cerca de Ecuador. Se sumerge bajo el agua para comer las algas que crecen en las piedras. Las iguanas marinas pueden quedarse bajo el agua por una hora.

¿POR QUÉ tienen cola plana las serpientes marinas?

Porque les permite nadar con facilidad. Esta es como una paleta y les ayuda a moverse por el agua. Algunas de ellas nadan mar adentro. Otras, como el búngaro, se sumergen, cerca de la costa, hasta el fondo, para buscar peces.

piqueros de patas azules

iguanas marinas

serpiente marina

zayapa

26

¡Asombroso!

Las iguanas marinas se mantienen calientes amontonándose unas encima de otras.

Las serpientes marinas son las más venenosas del mundo: matan más personas que cualquier otra criatura de mar.

¿CÓMO se relaja la tortuga más grande del mundo?

La tortuga más grande del mundo, vive en las islas Galápagos. Estas islas **volcánicas** tienen grandes estanques de agua caliente, gracias a las piedras del subsuelo. Estas tortugas disfrutan relajándose en el agua caliente igual que nosotros en la ducha.

Tortugas gigantes se refrescan en un estanque de agua tibia

Ahora sé que...

★ La iguana marina es el único lagarto que se alimenta bajo el agua.

★ Las serpientes marinas tienen colas que les permiten nadar con facilidad.

★ Las tortugas gigantes se relajan en estanques de agua tibia.

¿POR QUÉ están en peligro las tortugas?

Las tortugas están en peligro de **extinción**. Miles son cazadas por su carne y caparazón, mientras que otras se ahogan atrapadas en las redes de pesca. Además, cada año hay menos crías debido a que las hembras son perturbadas por el ruido y las luces de los hoteles ubicados en sus terrenos de reproducción. Los científicos ayudan transladando sus huevos a lugares tranquilos.

Estas crías de tortugas salieron de sus huevos, que fueron recogidos y cuidados por científicos. Ahora las tortugas pueden entrar al mar, libres del peligro de pájaros y depredadores.

28

¡Asombroso!

El aligátor chino está en peligro de extinción: sólo unos cientos sobreviven en su hábitat natural.

Las tortugas gigantes necesitan protección: las personas llevan a las islas Galápagos cerdos y perros que se comen sus huevos.

¿CÓMO podemos ayudar a los reptiles?

La mejor forma de ayudar a los reptiles es estudiándolos para entender cómo viven y explicarles a otras personas sobre ellos. Leyes especiales pueden proteger a estos animales y sus hábitats naturales. Los zoológicos también pueden ayudar a que nazcan reptiles en cautiverio que después serán liberados a la vida salvaje.

tortugas verdes recién nacidas

Hora de alimentarse en el refugio

¿QUIÉN caza cocodrílidos?

Los cocodrílidos son cazados por personas que venden su piel, que se emplea para hacer carteras, cinturones y zapatos. Algunos países han perdido tantos cocodrílidos que ahora los protege la ley. Las especies más raras son mantenidas en refugios para que puedan reproducirse en paz.

Ahora sé que...

★ Las tortugas están en peligro debido a la caza, la pesca y el turismo.

★ Ayudamos a los reptiles estudiándolos, aprendiendo de ellos, protegiendo su hábitat y crías.

★ La gente caza cocodrílidos.

29

PONTE A PRUEBA

¿Qué recuerdas acerca de los reptiles?
Enfrenta este reto y sorpréndete de
todo lo que has aprendido.

1 ¿Qué tipo de reptil es un gavial?
a)   un lagarto
b)   un cocodrílido
c)   una culebra

2 ¿Qué reptil cambia el color de su piel?
a)   un geco de cola plana
b)   una serpiente coral
c)   un camaleón

3 ¿En dónde viven las víboras de Gabón?
a)   en selvas tropicales
b)   en desiertos
c)   en el mar

4 ¿Cuáles son los reptiles que mudan de piel?
a) los cocodrílidos
b) las tortugas
c) las culebras

5 ¿Dónde viven las tortugas gigantes?
a)   islas Galápagos
b)   Madagascar
c)   en el desierto

6 ¿Qué reptil mata con su saliva?
a)   iguana piedra
b)   dragón de Komodo
c)   serpiente listada

7 ¿Dónde viven los "saladitos"?
a)   en desiertos
b)   en estuarios y en el mar
c)   en selvas tropicales

8 ¿Qué reptil tiene la cola como una paleta?
a)   serpiente marina
b)   iguana marina
c)   tortuga

9 ¿Cuánto tardan las tortugas en nacer?
a)   dos días
b)   dos semanas
c)   dos meses

10 ¿Qué parte de la serpiente de cascabel cascabelea?
a)   su cola
b)   sus colmillos
c)   su lengua

Encuentra las respuestas en la página 32.

GLOSARIO

bifurcada: con forma de Y, como la lengua de las serpientes.

camuflaje: color, forma y patrón del cuerpo de un animal que le ayudan a confundirse con su entorno.

carroñero: animal que come animales muertos.

célula: unidad fundamental de los organismos vivos.

cocodrílidos: grupo de reptiles que incluye cocodrilos, caimanes y gaviales.

colmillo: diente largo, afilado y hueco que usan algunas culebras para inyectar veneno a su presa.

depredador: animal que caza otros animales para comer.

especie: tipo particular de animales o de planta.

estuario: lugar donde el agua dulce del los ríos se encuentra con el agua salada del mar.

extinto: cuando una especie de animal ya no existe.

glándula: parte del cuerpo que fabrica sustancias especiales, como veneno.

hábitat: el hogar natural de animales y plantas.

hibernación: el sueño profundo que ayuda a muchos animales a sobrevivir el invierno en lugares muy fríos del mundo.

mamífero: animal de sangre caliente, con esqueleto, que alimenta a sus crías con leche, como los perros, los murciélagos y las ballenas.

opérculo: pieza que sirve para cerrar ciertas aberturas en el cuerpo para evitar que entren elementos externos.

parásito: ser vivo que vive de otros animales o plantas.

presa: animal que es cazado por otros animales.

saliva: líquido que producen los animales en la boca.

sangre fría: se refiere a los animales que dependen del ambiente externo para mantener su temperatura.

selva tropical: gran bosque húmedo, donde llueve todos los días.

veneno: líquido que algunas serpientes y otros animales inyectan a su presa.

vivíparo: animal que da a luz crías vivas. Las crías no nacen de un huevo, se desarrollan dentro del cuerpo de la madre.

volcánico: perteneciente a los volcanes.

ÍNDICE

Respuestas de las preguntas de la página 30.

★ 1 b ★ 2 c ★ 3 a ★ 4 c ★ 5 a ★ 6 b ★ 7 b ★ 8 a ★ 9 c ★ 10 a